BEI GRIN MACHT SICH
WISSEN BEZAHLT

- Wir veröffentlichen Ihre Hausarbeit,
  Bachelor- und Masterarbeit

- Ihr eigenes eBook und Buch -
  weltweit in allen wichtigen Shops

- Verdienen Sie an jedem Verkauf

Jetzt bei www.GRIN.com hochladen
und kostenlos publizieren

Jennifer Stockum

**Minnegesang im 13. Jahrhundert. Höfische und unhöfi-
sche Elemente in den Sommer- und Winterliedern
Neidharts**

GRIN Verlag

Bibliografische Information der Deutschen Nationalbibliothek:

Die Deutsche Bibliothek verzeichnet diese Publikation in der Deutschen National-
bibliografie; detaillierte bibliografische Daten sind im Internet über http://dnb.d-
nb.de/ abrufbar.

Impressum:

Copyright © 2014 GRIN Verlag GmbH
Druck und Bindung: Books on Demand GmbH, Norderstedt Germany
ISBN: 978-3-656-72927-3

Dieses Buch bei GRIN:

http://www.grin.com/de/e-book/279575/minnegesang-im-13-jahrhundert-hoefische-
und-unhoefische-elemente-in-den

GRIN - Your knowledge has value

Der GRIN Verlag publiziert seit 1998 wissenschaftliche Arbeiten von Studenten, Hochschullehrern und anderen Akademikern als eBook und gedrucktes Buch. Die Verlagswebsite www.grin.com ist die ideale Plattform zur Veröffentlichung von Hausarbeiten, Abschlussarbeiten, wissenschaftlichen Aufsätzen, Dissertationen und Fachbüchern.

Besuchen Sie uns im Internet:

http://www.grin.com/

http://www.facebook.com/grincom

http://www.twitter.com/grin_com

Das Neue an den Liedern Neidharts: Höfische und unhöfische Elemente in den Sommer- und Winterliedern

Jennifer Stocku

Inhaltsverzeichnis

Einleitung

Neidhart, oftmals genannt von Reuental[1], stellt neben Burkhard von Hohenfels, Gottfried von Neifen, Ulrich von Lichtenstein, Konrad von Würzburg wie auch dem Tannhäuser einen der wichtigsten Minnedichter des 13. Jahrhunderts dar.[2] Seine Popularität verdankt er seinem besonderen Stil, der bis ins 16. Jahrhundert nachwirkt. Statt wie die übrigen Minnesänger bisher den Regeln der hohen Minne zu folgen, die zu seiner Zeit dominiert, ändert Neidhart die gängigen Motive und Themen des Minnesangs und verkehrt sie auf derbe Weise ins Gegenteil. Damit schafft er eine neue Gattung: die Dörperlieder, die sich in Sommer- und Winterlieder unterteilen lassen.

In der vorliegenden Arbeit sollen zunächst die charakteristischen Merkmale dieser Form des Minnesangs im Vergleich zu denen der hohen Minne aufgezeigt werden. Unter den hochhöfischen Literaturgattungen, wie dem Artusroman oder der Helden- und Spruchdichtung, erfreute sich die Minnekanzone der größten Beliebtheit und Wertschätzung beim höfischen Publikum. Sie stellte dabei auf Grund ihres hohen Identifikationswertes die bedeutendste Form höfischer Selbstpräsentation für den Adel dar. Ab etwa 1170/80 wurde die Gattung der Hohen Minne dominierend, die heute oftmals metonymisch für den Minnesang schlechthin verwendet wird. Im Gegensatz zur wechselseitigen Minne, die besonders die frühe Minnekanzone prägte, kommen in der Hohen Minne nicht mehr Mann und Frau zu Wort, sondern lediglich das männliche lyrische Ich, der Minnende, spricht. Er umwirbt eine Frau, die er zu einer für ihn unerreichbaren Minneherrin stilisiert und der er sich als *dînstmann* unterwirft. Das Attribut *hôhe* ist dabei auf diese komplizierte Minnerelation bezogen. Obwohl er die Angebetete als unterkühlt, abweisend, hochmütig und ihm gegenüber gleichgültig erlebt, bittet er sie, seine Dienste anzunehmen, in der Hoffnung, irgendwann Lohn für seine Treue, in Form ihrer Zuneigung, zu erhalten. Auch wenn er die Liebe seiner Dame niemals erringen wird, erntet er für sein Bemühen die Anerkennung der höfischen

---

[1] Ob der Dichter der Dörperlieder wirklich Nîthart hieß, ist in der heutigen Forschung, die die biographische Ausdeutung seiner Lieder kritisch sieht, recht fraglich. Es könnte sich auch um einen fiktiven Künstlernamen handeln, dessen Bedeutung schon Auskunft über Wesensmerkmale der in den Liedern auftretenden Figur gibt. Nîthart übersetzt als Neidling könnte auf die Eifersüchteleien des in den Winterliedern mit den Dörpern konkurrierenden Ritters anspielen. Ebenso problematisch ist der Beiname von Riuwental. Zwar gibt es einen Ort namens Reuental bei Freising bzw. Landshut, jedoch ist Riuwental wohl eher als Allegorie zu verstehen. (vgl. Die Beschreibungen des lyrischen Ichs über sein Gut in Riuwental passen sehr gut zu einem „Jammertal" (vgl. z.B. WL 9, VII, 6f.) [vgl. Brunner, Horst: Geschichte der deutschen Literatur des Mittelalters im Überblick, Stuttgart 1997, S.187].

[2] Dies zeigt nicht nur die seine enorme Nachwirkung sondern beispielsweise auch seine namentliche Erwähnung in Wolfram von Eschenbachs Willehalm zwischen 1210 und 1220 (vgl. Haferland, Harald: Hohe Minne. Zur Beschreibung der Minnekanzone, Berlin 2000, S. 82.)

Gesellschaft und erlebt damit eine Steigerung des Lebensgefühls. Die Hohe Minne ist also eine Minne der Bewährung[3]: „hôhiu minne reizet unde machet / daz der muot nâch hôher wirde ûf swinget"[4].

Auf welche Weise Neidhart in seinen Dörperliedern mit den gängigen Motiven und Eigenschaften der Hohen Minne spielt und damit etwas Neues schafft, wird im ersten Teil der Arbeit dargelegt werden. Dazu werden Aufbau und Inhalt der Sommer- und Winterlieder aufgezeigt werden, gefolgt von der Beantwortung der Frage, wer oder was diese Dörper überhaupt sind. Anschließend werden höfische und unhöfische Elemente, die sich in den Liedern finden lassen, auf ihren Gebrauch bei Neidhart hin untersucht werden. Ihre teils gebrochene teils ungebrochene Verwendung erzielt die parodistische Wirkung, die typisch für Neidharts Lieder ist.

Abschließend werden Überlegungen für Neidharts Motivation angestellt werden, was ihn dazu verleitet haben könnte, den Typus der Dörperlieder zu kreieren.

---

[3] Vgl. Schweikle, Günther: Neidhart, Stuttgart 1990, S. 171.
[4] Wilmanns, Wilhelm: Walther von der Vogelweide, Paderborn 2013, S. 51.

1. Dörperliche Minne

Dörperliche Minne ist eine Sonderform der ständischen oder niederen Minne, die Neidhart eingeführt hat. Schweikle definiert sie als „Liebesbeziehungen, die in einer fiktiven außerhöfischen Sphäre angesiedelt sind, welche das höfische Minneritual sowohl durch die Figuren als auch durch deren Verhalten karikiert"[5].

Neidharts Dörperlieder lassen sich in zwei Gruppen unterteilen, die sich nach der Jahreszeit der „Geschichte" des Liedes richten: Sommer- und Winterlieder.[6] Beide werden meist mit einer ausführlichen Beschreibung der Natur, dem sogenannten Natureingang, eröffnet, der durch seine Stimmung schon Auskunft über die folgende Handlung gibt. Während in den vom erfolgreichen Werben handelnden Sommerliedern die Naturschilderungen aus einem Lobpreis der neu erblühenden Natur bestehen[7], wird in den Winterliedern die Natur in düsterer und bedrückender Atmosphäre beschrieben, analog des im „Hauptteil" erzählten Liebesleides.

1.1 Sommerlieder

Die in einem positiven und fröhlichen Tenor verfassten Sommerlieder handeln meist von einem Liebesglück. In verschiedenen motivischen Variationen erfährt das Publikum zumeist vom erfolgreichen Werben des Ritters „[d]en si alle nennent von Riuwental"[8], der ab und an sogar gleich mehreren Frauen den Kopf verdreht und die dazu bereit sind, sich auch der körperlichen Liebe zu dem Ritter hinzugeben[9], im heftigen Gegensatz zu den Damen der hohen Minne, die den Werber grundsätzlich nicht erhören.

Der das Lied eröffnende Natureingang preist den anbrechenden Frühling mit dem Neuerwachen der Natur. Das lyrische Ich ist freudig beschwingt, da die trostlose kalte Jahreszeit endlich überstanden ist und mit dem Hervorsprießen der ersten Blumen auch die Mädchen wieder auf dem Feld zum Tanz erscheinen:

---

[5] Schweikle, Günther: Neidhart, Stuttgart 1990, S. 178.
[6] Eingeführt wurde diese Typenbezeichnung erstmals in Rochus von Liliencrons Artikel „Über Neidharts höfische Dorfpoesie" in der ZfdA 6 (1848), S. 69-117 (vgl. Brunner, Horst: Vorwort, in: Neidhart, hg. V. Horst Brunner, Darmstadt 1986, S. VII-XI, hier: S. VII).
[7] Stichwort Locus amoenus.
[8] SL 14, VII, 1f.
[9] Vgl. z.B. SL 15.

> Ine gesach die heide
> Nie baz gestalt,
>
> in liehter ougenweide
>
> den grüenen walt:
>
> an den beiden kiese wir den meien.
>
> Ir mägde, ir sult iuch zweien, gein dirre liehten sumerzît in hôhem muote reien.[10]

Thematisch lassen sich die Sommerlieder nach der auftretenden Figurenkonstellation untergliedern. So gibt es Mutter-Tochter-Dialoge, in denen die Mutter als *huote* fungiert[11], manchmal jedoch dieses Motiv der hohen Minne ins Gegenteil verkehrt wird und die Tochter die Mutter vor dem Werber warnt[12] sowie Gespielinnen-Dialoge, in denen zwei Freundinnen aufgrund der Werbung des Ritters in Streit geraten[13]. In manchen Sommerliedern tritt auch nur ein einziges lyrisches Ich auf, welches angeregt durch das Erblühen der Natur der Liebe verfallen ist[14].

1.2 Winterlieder

Die Winterlieder beginnen meist mit einer Klage des lyrischen Ichs über die Unannehmlichkeiten, die der Winter mit sich bringt, wie beispielsweise hier in Winterlied 3:

> Mir tuot endeclîchen wê,
>
> daz den winter niemen des erwenden mac, er entwinge uns abe
>
> beide bluomen unde klê,
>
> dar zuo mangen liehten wünneclîchen tac
>
> (deist mîn ungehabe):
>
> Die beginnent leider alle truoben;[15]

oder in Winterlied 9:

> Nu ist der kleinen vogelîne singen
>
> und der liehten bluomen schîn vil gar zergân.[16]

---

[10] SL 14, I.
[11] Vgl. z.B. SL 16, 18, 23.
[12] SL 17.
[13] Vgl. z.B. SL 14, SL 20.
[14] Vgl. z.B.SL 5.
[15] WL 3, I 1-7.
[16] WL 9, I, 1f.

Die schwermütige Stimmung über die zugrunde gegangene Vegetation, die trüben Tage und das Fehlen des Vogelgesangs korrespondieren mit dem Liebesleid, welches dem Sänger in den folgenden Strophen oftmals widerfährt:

> Rôzen ist diu heide blôz
>
> Von des rîfen twange.
>
> winder, dîn unstaetic lôz
>
> twinget uns ze lange:
>
> von dir und einem wîbe lîde ich leider ungemach,
>
> der ich gar
>
> mîniu jâr
>
> hân gedienet lange
>
> von herzen williclîchen, eteswenne mit gesange.
>
> des ist mir niht gelônet noch, wie kleine ist umbe ein hâr.[17]

Im Gegensatz zu den Sommerliedern, in denen vom erfolgreichen Werben des Ritters von Riuwental berichtet wird, misslingt es ihm, in den Winterliedern das Herz der Dörperinnen zu erobern. Wie in diesem Beispiel bleibt dem Sänger nur, sein Leid über das vergebliche Werben zu klagen.

Oftmals liegt das Scheitern des Sängers begründet in seiner dörperlichen Konkurrenz.

> minne riet
>
> daz ich liet
>
> nâch ir hulden sunge.
>
> daz tet ich unde wânt des niht, daz mir dâ misselunge:
>
> nu laet mir niht gelingen ein vil hiuziu dörperdiet.[18]

Die Mädchen geben den Dörpermännern den Vorzug und das, obwohl diese oftmals recht rüpelhaft[19] gegenüber ihnen auftreten. Doch wer sind diese Antagonisten des Sängers überhaupt? In sozialgeschichtlichen Interpretationen Neidharts Werke wurde der Begriff „*dörper*" oftmals unreflektiert mit „Bauern" übersetzt. Bei „*dörper*" handelt es sich jedoch nicht um das zu Neidharts Zeit geläufige Wort für Bauern, wie beispielsweise „*bûre*" oder einem diesem entsprechenden Oberdeutschen Wort wie „*dorfaere*". Neidhart ist der erste, bei dem sich die Bezeichnung der „*dörper*" belegen

---

[17] WL 19,II
[18] WL 19, VI, 7-11.
[19] Diese Rüpelhaftigkeit wird an späterer Stelle näher erläutert werden.

lässt.[20] Allerdings findet sich bei zeitgenössischen Dichtern ein gleichstämmiges Nomen, die „dörperheit"[21]. Betrachtet man nun dieses in seinem Auftretenskontext in anderen literarischen Werken, stellt sich heraus, dass es hier nicht den Bauernstand als solchen meint, sondern vielmehr im Sinne von unhöfischem Benehmen zu verstehen ist. „Dörper" ist also nicht einfach als Bauer zu übersetzen, sondern als von der höfischen Norm abweichendes Verhalten.[22] Es ist nicht auszuschließen, dass Neidhart aus diesem niederdeutschen Lehnwort, einem Abstraktum für nicht-höfisches Verhalten, die Personenbezeichnung des Dörpers, kreiert hat.[23] Dörper könnte damit als sprechender Name angesehen werden, da das Verhalten eben jener in den Winterliedern alles andere als höfisch ist, wie noch zu zeigen sein wird, und somit gänzlich den Gepflogenheiten der hohen Minne widerspricht, in der die höfischen Normen strengstens eingehalten werden. Schon die Namensgebung verweist hier also auf ein antihöfisches Element in Neidharts Dichtung. Sie sind „Exempelfiguren" für die Überschreitung höfischer Normbereiche.[24] Mit den Dörpern zielt der Sänger also nicht unbedingt auf den Bauern als solchen ab, sondern „auf einen lächerlichen, kritikwürdigen Verhaltenstypus, auf eine Art Gegenfigur zu der bereits im frühen Minnesang und in der höfischen Epik eingesetzten Idealgestalt des Ritters."[25]

Neben der Kunstfigur des Dörpers an sich schafft Neidhart in seinen Liedern auch dessen Lebensraum, in dem das antihöfische Verhalten zur Schau gestellt werden kann.[26] Dieser fiktive Raum heißt in seinen Werken oftmals „Riuwental"[27] oder „Tullner Feld"[28], ländliche Szenerien, deren Zentrum ein Tanzplatz bildet, sei es im Freien[29] oder einem Haus[30].

---

[20] Vgl. Schweikle: Neidhart, S. 123.
[21] Vgl. Walthers Lied *Muget ir schouwen*, in dem sich findet: „Uns will schiere wol gelingen./wir suln sîn gemeit,/tanzen lachen unde singen,/âne dörperheit." Vielleicht könnte es sich hierbei auch um einen Seitenhieb gegen den Konkurrenten handeln, da Walther bekanntermaßen der Dichtkunst Neidharts ablehnend gegenüberstand (vgl. z.B. Voß, Rudolph: Intertextualitätsphänomene und Paradigmenwechsel in der Minnelyrik Walthers von der Vogelweide in: Röllwagenbüchlein. Festschrift für Walter Röll zum 65. Geburtstag, hg. v. Jürgen Jaehrling u.a., Tübingen 2002, S. 51-78, hier: S. 58.)
[22] Dennoch spielt die Handlung der Lieder in einem ländlichen und somit auch bäuerlichen Milieu.
[23] Vgl. Schweikle: Neidhart, S. 124.
[24] Vgl. Schweikle: Neidhart, S. 124.
[25] Ebd., S. 125.
[26] Vgl. ebd., S. 127.
[27] Vgl. z.B. WL 3, WL 5.
[28] Vgl. z.B. WL 29, WL 30.
[29] Vgl. z.B. SL 2.
[30] Vgl. z.B. WL 1, WL 4.

2. Höfische und Unhöfische Elemente in Neidharts Liedern

Neidhart verfährt auf zweierlei Art mit den Elementen des höfischen Minnesangs bzw. der Hohen Minne. Entweder er nimmt höfische Elemente, meist aus dem Wortschatz, unverändert in seinen Liedern auf und bettet sie lediglich in den dörperlichen Kontext ein, wodurch eine parodistische Wirkung erzielt wird, oder er verändert sie derart, dass diese vom Publikum zwar noch erkannt, aber nicht mehr ernst genommen werden können.[31]

2.1 Ungebrochene Verwendung

Neidhart bedient sich besonders bei der Beschreibung der Frauen in den Winterliedern vorwiegend dem höfischen Vokabular. Er bezeichnet die Besungene als *(mîn) frouwe/vrouwe*[32], *küneginne*[33], *mînes herzen küneginne*[34]. Zudem gebraucht er zahlreiche Adjektive, die typisch für den höfischen Minnesang sind: *guot*[35], *schoene*[36], *wolgetân*[37], *hövesch*[38], *stolze*[39], *salic*[40], *reine*[41], *minneclich*[42] oder Wendungen wie *holdez herze tragen*[43] und *twingent daz herze mîn*[44]. Auch das Werben lehnt er an die Sprache und Motivik des höfischen Rituals an. Es findet sich der Dienst des Sängers mit Hoffnung auf Gnade und Lohn seiner Angebeteten:

> Vrouwe, dîne güete
>
> Di erkenne ich sô manicvalt,
>
> daz ich liebes lônes von dir noch gedingen hân[45],

ebenso, wie die Beteuerung der *staete*[46] und *triuwe*[47] oder die Klage über die Vergeblichkeit des Dienstes:

---

[31] Vgl. Schweikle: Neidhart, S. 109.
[32] Z.B. WL 15, IV, 2; WL 24, II,1.
[33] Z.B. WL 16, I9; WL 23, VII, 12.
[34] WL 9 I, 7.
[35] Z.B. WL 23, VIII, 5.
[36] Z.B. WL 14, III, 13; WL 15, V, 7; WL 26, II, 4.
[37] Z.B. WL 12, I, 13; WL 14, III, 11.
[38] Z.B. WL 7, III, 2.
[39] Z.B. WL 27, IV, 8.
[40] Z.B. WL 17, II, 5; WL 27, II, 9.
[41] Z.B. WL 23,IX, 4.
[42] Z.B. WL 23, XI, 4.
[43] WL 12, III, 1.
[44] WL 13, VII, 2.
[45] WL 13, IV 1-3.
[46] WL 14, III, 3; WL 16, I, 9, WL 23, X, 1f.
[47] Z.B. WL 5, III, 4; WL 16, I, 9.

wol mac ir versmâhen

mîn díenèst, den ích ir hân

lange her geleistet und des ie mit triuwen phlac.

Alsô phlæge ichs immer gerne, möhte ich des geniezen,

sô daz mich die dörper mînes lônes iht verstiezen.[48]

Auch die direkte Klage gegen *frouwe minne* findet sich bisweilen in den Winterliedern:

Minne, lâ mich vrî! Mich twingent sêre dîniu bant. Minne, dîne snüere

die twingent daz herze mîn,

daz ich hân ze strîte wider dich deheine wer. […]

vrouwe Minne, dîn gewalt ist wider mich ze strenge;

küneginne, dîner ungenâde niht verhenge,

daz si mich verderbe! ja ist si über mich ein her.[49]

Trotz der ungebrochenen Verwendung des höfischen Vokabulars und gängiger Topoi der hohen Minne musste die Einbettung dieser in das dörperliche Milieu wohl eine belustigende Wirkung auf das Publikum des Sängers gehabt haben, da Begriffe wie *trûren, leit, senen, herzeswaere, mâze, zuht, minne, triuwe oder êre*, in ihrer auch ein „Programm" beinhalten, welches hier wohl kaum ernsthaft eingehalten wird. Es wird von *triuwe* gesprochen wird, wo beliebig der Partner gewechselt wird, von *êre*, als Wertschätzung durch die Gesellschaft, wo diese überhaupt nicht existiert, oder das höfische Lebensgefühl der *vröude* zur Bezeichnung der aufkommenden sexuellen Lust genutzt.[50]

Ebenso bedient er sich gängiger Topoi des höfischen Minnesangs. Ein besonders beliebtes Motiv ist das der *huote*, und der *merker*, die sowohl in den Sommerliedern[51] als auch in den Winterliedern[52] immer wieder eine wichtige Rolle spielen:

>>owê<<, sprach ein geiliu magt, >>ich bin behuot.
ine getar

vrô gesîn niht offenbâr.

got wolde,

daz niemen hüeten solde!<<[53]

---

[48] WL 13, II, 4-8.
[49] WL 13, VIf.
[50] Vgl. Giloy-Hirtz: Deformation des Minnesangs, S. 32.
[51] Vgl. z.B. SL 13, IV, 4-8.
[52] Vgl. z.B. WL 7.
[53] SL 13, IV, 4-8.

Zudem findet sich das Motiv des das Altern durch Kummer oder Warten:

> Mîne tage loufent von der hoehe gegen der neige;
> frouwe, troeste mich, die wîle ich ûf der hoehe stê![…]
> mîne swaere sint von dînen schulden manicvalte:
> der schaffe ein ende, saelic wîp,
> ê daz mîn vil tumber lîp
> in senden sorgen alte![54],

wie auch der Sangesaufgabe und Hinwendung zu Gott:

> Herre got von himelrîche, gip mir dîn geleite dar!
> Kraft ob allen kreften, nû gesterke mir den sin,
> daz ich mîner sêle heil
> um dich verdienen müeze
> und immer wernder wünne teil
> durch willen dîner süeze![55]

> Alsô hân ich mîner vrouwen widersagt:
> Sî endarf mîn niht ze dienestmanne jehen;
> Ich gediene ir williclîchen nimmer einen tac,
> sît si guoten vriunt in vîndes stricke jagt.
> Ich will mir ein lange wernde vrône spehen,
> diu mich hin ze gotes hulde wol gebringen mac.[56]

2.2 Gebrochene Verwendung

In seinen Sommer- und Winterliedern knüpft Neidhart an seinen Zuhörern bekannte literarische Schablonen an, um diese im nächsten Moment durch Performation ihrer Ernsthaftigkeit zu berauben. Wie er auf Ebene der Textstruktur die vertraute Folie der tradierten Minnesangsschemata[57] konkret umsetzt, wird an Beispielen erläutert werden.

2.2.1 Vertauschung des sozialen Status und der Minnerelation

Markant für die Sommerlieder Neidharts ist die Verkehrung der Minnerelation. In den

---

[54] WL 15, IV
[55] WL 30, VI, 5-10.
[56] WL 34, II, 1-6.
[57] Vgl. Giloy-Hirtz: Deformation des Minnesangs, S. 25.

meisten Liedern ist die Frau nun nicht mehr die Begehrte, sondern die Begehrende. Diese Kontrastierung zeigt sich zugleich in mehreren Konstellationen: Neben Mädchenliedern, in denen die Tochter der Mutter entfliehen will, um sich mit dem Geliebten zu treffen [58], den Altenliedern [59], in denen dieses Motiv parodistisch gewissermaßen doppelt verkehrt wird, da nun die Mutter oder weniger spezifiziert ein altes Weib zur Minnenden wird sowie Gespielinnenlieder[60], in denen sich Freundinnen über Tanz und Liebelei unterhalten.[61]

Während in Liedern der Hohen Minne die *vrouwe* die Hochstilisierte und Angebetete ist, macht der Dichter in den Sommerliedern den Mann, zumeist den *rîter riuwental*, zum Objekt der Begierde der *dörperlichen* Damenwelt, die sich jeglichen Hindernissen zur Wehr setzen, um den Angebetete, nach dessen Liebe sie sich verzehren, zu treffen. Dass es den Frauen dabei keineswegs bloß um geistige Liebe geht, tuen sie zudem unverhohlen kund: „er ist genanant von Riuwental: den will ich umbevâhen […] nu wizzet, liebiu muoter mîn, ich belige den knaben werden". [62] Als Folge entbrennt bisweilen heftige Eifersucht unter den Dörperinnen, wenn beispielsweise Mutter und Tochter gleichermaßen in Liebe zum *rîter* entbrannt sind und sie sich um seine Gunst streiten. Auch sämtliche ausgesprochene Warnungen der Minnenden gegenüber werden von dieser immer in den Wind geschlagen.[63] Dass diese Mahnungen zur Vorsicht durchaus angebracht sind, kommt beispielsweise in SL 16 oder SL 18 zu Tage, da hier das unehrenhafte Verhalten des Riuwentalers gegenüber seiner Gespielinnen zum Vorschein kommt:

> Diu muoter rief ir nâch;
> sî sprach: »tohter, volge mir, niht lâ dir wesen gâch!
> weistû, wie geschach
> dîner spilen Jiuten vert, alsam ir eide jach?
> der wuohs von sînem reien ûf ir wempel,
> und gewan ein kint, daz hiez si lempel:
> alsô lêrte er sî den gimpelgempel.«[64]

Die besorgte Mutter warnt ihre Tochter ausdrücklich davor, sich auf den Ritter einzulassen, der ihre Freundin Jiuten verführte und diese schwängerte.

---

[58] Vgl. z.B. SL 15, SL 16, SL 17.
[59] Vgl. z.B. SL 1, SL 3.
[60] Vgl. z.B. SL 20, SL 26.
[61] Vgl. Günther, Johannes : Die Minneparodie bei Neidhart, Jena 1931, S. 26.
[62] SL 2.
[63] Vgl. z.B. SL 21, SL 18, SL 15.
[64] SL 18, II.

In SL 23 wird das standeswidrige Werben eines Bauernmädchens mit dem Ritter ebenfalls thematisiert:

> Tohterlîn, lâ dich sîn niht gelangen!
> will dû die ritter an dem reien drangen,
> die dir niht ze mâze ensulen sîn,
> tohterlin,
> dûwirst an dem schaden wol ervunden.
> der junge meier muotet dîn.
>
> Sliezet mir den meier an die versen!
> jâ trûwe ich stolzem ritter wol gehersen:
> zwiu sol ein gebûwer mir ze man?
> der enkan
> mich nâch mînem willen niht getriuten:
> er, waen, mîn eine muoz gestân.
>
> Tohterlin, lâ dir in niht versmâhen!
> dû wilt ze tumbe ritters künde vâhen:
> daz ist allen dînen vriunden leît.

Während sich die Tochter beim Tanze mit dem Ritter vergnügen möchte, versucht die besorgte Mutter, sie davon abzuhalten, da dieser nicht der angemessene Partner für sie sei. Sie befürchtet, dass der um die Tochter werbende Meier durch die Liaison der Tochter abspinnstig gemacht werden könnte.

SL 8 ist ein Beispiel für die rohen Umgangsarten zwischen Mutter und Tochter in manchen Liedern Neidharts. Die höfischen Umgangsformen sind der dörperlichen Derbheit gewichen. Die Mutter, die von des Liebesvorhaben der Tochter erfahren hat, droht dieser Schläge mit einem Knüppel an, sollte sich nicht zu Hause bleiben und ihr bei der Arbeit zu Hand gehen:

> "jâ swinge ich dir daz fuoter
> mit stecken umbe den rugge,
> vil kleine grasemugge.
> wâ wilt dû hüpfen hin
> ab dem neste? sitze und beste
> mit den ermel wider in!"[65]

---

[65] SL 8, III, 2-7.

13

Die Tochter lässt sich von den Drohungen der Mutter nicht einschüchtern und erwidert frech:

> "Muoter, mit dem stecken
> sol man die runzen recken
> den alten als eim sumber.
> noch hiuwer sît ir tumber,
> dan ir von sprunge vart.
> ir sît tôt vil kleiner nôt,
> ist iu der ermel abe gezart."[66]

In SL 7 bleibt es nicht bei Drohungen, hier schlagen Mutter und Tochter sogar gegenseitig aufeinander ein, was in Liedern der Hohen Minne wohl undenkbar wäre:

> Diu muoter einen rechen vie:
> Den begreif diu tohter bî der græze.
> Si nam zehant
> In der alten ûz der hant.
> Dô gienc ez an die stœze.[67]

SL I liefert ein Beispiel für ein „Altenlied" Neidharts, in dem gleich eine zweifache Vertauschung der üblichen Relationen der Hohen Minne verkehrt werden. Wie in den vorherigen Beispielen ist auch hier die Frau die Begehrende, nicht die Begehrte. Hinzu kommt jedoch noch, dass es nicht mehr die junge Tochter ist, die behütet werden muss, sondern hier agiert die Tochter selbst als *huote* der liebestollen Mutter, der „Alten", die „muoz an eines knappen hant, der ist von Riuwental genant."[68] Wie die Tochter sich in den zuvor erläuterten Sommerliedern nicht von der Mutter belehren lässt, erhört auch hier die Mutter nicht die warnenden Worte: „Muoter, ir hüetet iuwer sinne!/erst ein knappe sô gemuot,/er pfliget niht staeter minne."[69] Sondern entgegnet: „tohter, lâ mich âne nôt!/ich weiz wol, waz er mir enbôt./nâch sîner minne bin ich tôt."[70] Neben dieser doppelten Persiflage der Minnerealtion, scheint sich hier noch eine weitere Verspottung des Höfischen zu finden: das *traranuretun traranuriruntundeie* am Ende jeder Strophe erinnert stark an das in Walthers *Unter den Linden* widerkehrende *tandaradei*.

---

[66] SL 8, IV.
[67] SL 7, V, 4-8.
[68] SL 1, I, 4f.
[69] SL 1, II, 1f.
[70] SL 1, II, 3ff.

Die lächerliche Figur der tanzlustigen Alten im Gespräch mit einem jüngeren Mädchen tritt auch in Sommerlied 9 auf, wobei es sich hier nicht um Mutter und Tochter handelt, und das Mädchen zwar erstaunt über die Liebeslust der Alten ist, diese aber nicht verurteilt.[71]

In SL 14, einem Gespielinnengespräch, wird die Art und Weise der zeitgenössischen Minne persifliert. Während sich das erste Mädchen über die des Frauendienstes müden Männer beschwert, die nicht mehr willig sind, um ein ehrenhaftes Mädchen zu werben und über das fehlende Liebestreiben enttäuscht ist, belehrt sie ihre Freundin eines besseren, indem sie ihr vom Riuwentaler erzählt, für den sie sich gerade zurecht macht. Die Ironie des Liedes liegt hier darin, dass die jungen Frauen zwar über das Verlorengegangensein höfischer Werte wie „êre"[72] bei den „wandelbaere[n]"[73] Männern klagt, die nicht mehr gewillt sind, sich um „ein wîp, der er getiuwert waere"[74] zu bemühen, zu welcher Sorte Frau sich die Erste und ihre Freundin wohl selbst zählen, dass aber gerade die beiden auf mehr als nur geistige Minne aus sind, worauf beispielsweise „mit guote ich im des lône"[75] nund „sô wil ich brîsen mînen lîp"[76] verweisen .

Zu einem besonders drastischen Bruch der Hörererwartung kommt es in WL 5, II, 4-10:

> wirt si mir, sô hân ich heil,
> diech dâ meine: deist diu wolgetâne,
> diu mir mîn gemüete dicke ringet.
> Wol ir, daz si sælic sî!
> Swer si minnet, der belîbet sorgen vrî;
> si ist unwandelbære:
> wîten garten tuot si rüeben lære.

Die verehrte Minneherrin, „diu wolgetâne" wird zunächst analog dem traditionellen Minnesangsmuster hochstilisiert, wie es die Zeitgenossen des Sängers von der Hohen Minnekanzone gewöhnt sind. Im Gegensatz zu den zuvor dargestellten Sommerliedbeispielen bleibt hier die konventionelle Minnerelation mit dem Mann als Minnendem erhalten. Allerdings wird das Objekt seiner Begierde im letzten Moment als im Garten Rüben erntende Bauernmagd „enttarnt", wodurch der soziale Status und

---

[71] Vgl. SL 9, V.
[72] SL 14, IV, 5.
[73] SL 14, IV, 6.
[74] SL 14, IV, 7.
[75] SL 14, VII, 5.
[76] SL 14, VII, 7.

15

damit die Hörererwartung radikal gebrochen wird. Das gattungsspezifisch geprägte Publikum erwartet den Konformitäten der Minnekanzone entsprechend, dass es sich bei der Besungenen um eine *frouwe* handelt, nicht um ein einfaches *wîp*.[77] Durch die unerwartete Wendung der mit festen Erwartungen verknüpften Figur entsteht ein komischer Kontrast, der das damalige Publikum wohl belustigen musste.[78] Die durch Brechung der bekannten Muster erzeugte Parodie ist typisch für die Lieder Neidharts. Weitere durch Sprengung des traditionellen Minnesangsschemas persiflierten Szenerien finden sich beispielsweise in WL 19, V10, wo das höfische Motiv des Liebespfeile verschießenden Amors auf einen Dörper übertragen wird, der „gegen ir in rûnewarten bölzel schiuzet"[79] oder in Szenerien, in denen der Name der Verehrten absolut verschwiegen wird, wie in SL 20, V:

> Ir gespil si vrâgen dô begunde,
> daz si ir seite, wer sô guote sprünge lêren kunde:
> >>ich kande in gerne, und mähte ez sîn.<<
> >>triuwen<<, sprach daz magedîn,
> >>erst sîn unvermeldet,
> ir lobet in oder ir scheldet.<<

oder WL 22, VII 1-4[80]:

> Tumber liute vrâge
> müet mich sêre zaller zît,
> wer diu wolgetâne sî,
> von der ich dâ singe: ja ist ez in vil ungesagt.

2.2.2 Aufhebung des behutsamen Werbens

Während die Regeln der höfischen Minne Hochachtung und Ehrerbietung gegenüber der besungenen *frouwe* gebieten und sowohl das Einhalten einer gewissen Distanz zu ihr wie auch Zurückhaltung verlangen, werden diese Ansprüche in Neidharts Dörperszenen, wie eingangs schon erwähnt worden ist, umgekehrt. Nicht nur die in den Winterliedern auftretenden Dörperfiguren verhalten sich rüpelhaft, aufdringlich und ungestüm, sondern auch der Sänger, der es aufgrund deiner adligen Abstammung

---

[77] Vgl. Giloy-Hirtz: Deformation des Minnesangs, S. 26.
[78] Vgl. Ebd., S. 26f.
[79] Vgl. Mohr, Ferdinand: Das unhöfische Element in der mittelhochdeutschen Lyrik von Walther an, Tübingen 1913, S. 48.
[80] Vgl. Giloy-Hirtz: Deformation des Minnesangs, S. 27.

eigentlich besser wissen und höfisches Verhalten an den Tag legen müsste.[81]

Wenn die Bewohner des Tullner Feldes oder Riuwentals zum Tanz zusammen kommen, geht es recht ruppisch zu. So wird der Frau ungestüm mit dem Fuß auf das Kleid getreten:

> Dâ si bî dem tanze
>
> gie (er gie ir an der hant),
>
> von dem ridewanze
>
> kom sîn vuoz ûf ir gewant[82]

oder ihre Hand verdreht:

> wê mir sîn,
>
> daz er sî sô rehte dar zuo vant!
>
> Jâ verklagte ich wol daz vingerlîn,
>
> het er ir verlenket niht die hant.[83]

ihr mit dem Messer in die Rippen gestochen:

> ine gesach mir nie bî mînen jâren alsô leide,
>
> als ich mir zewâre an der vil guoten sach,
>
> die er ûf ein rippe stach
>
> mit dem selben mezzer, daz gie niden ûz der scheide.[84]

der Schleier mitsamt dem Blumenkranz vom Kopf gerissen:

> Lanze der beswæret ein vil stolzez magedîn;
>
> eine kleine rîsen guot
>
> zarte er ab ir houbet,
>
> dar zuo einen bluomenhuot:
>
> wer het im daz erloubet?[85]

Bestohlen:

> daz ich ûz ir hende ein glesîn grüffel nam[86]

oder ihr auf unangebrachte Weise zu nahe getreten:

> wê, daz er die guoten sînes höfschens niht erlât,
>
> daz er âne ir willen tuot[87]

---

[81] Vgl. ebd., S. 33.
[82] WL 33, IV, 1-4.
[83] WL 18, IV, 7-10.
[84] WL 31, VIII, 11-14.
[85] WL 27, IV 8-12.
[86] WL 9, II, 4.

Auch untereinander gehen die Männer nicht zimperlich miteinander um. Streitigkeiten, meistens zwischen dem Sänger und den Dörpern, enden oftmals in heftigen Schlägereien:

> Eppe zuhte Geppen Gumpen ab der hant;
> des half im sîn drischelstab:
> doch geschiet ez mit der riutel meister Adelber.
> Daz was allez umbe ein ei, daz Ruopreht vant
> (jâ, wæn, imz der tievel gap):
> dâ mit drôte er im ze werfen allez jenenther.
> Eppe der was beidiu zornic unde kal;
> übellîchen sprach er: >>tratz!<<
> Ruopreht warf imz an den glatz, daz ez ran ze tal.[88]

2.2.3 Adaption höfischen Lebens der Dörper

Trotz dieses unbeholfenen Umgangs miteinander, der im krassen Widerspruch zu den höfischen Umgangsformen steht, versuchen die Dörper dennoch das höfische Vorbild zu imitieren, was der Sänger spöttisch beäugt. Dies zeigt sich beispielsweise in ihren unbeholfenen Tanzversuchen:

> Lûther und Adelgêr:
> die tanzent mit den meiden in dem geu verwendeclîchen.
> Si wellent ûf der strâze niemen einen fuoz entwîchen.
> Hei, solt ich ir einem sîne stelzen dâ bestrîchen![89]
>
> Wê, daz mich sô manger hât von lieber stat gedrungen
> Beidiu von der guoten unde ouch wîlent anderswâ!
> Œdelîchen wart von in ûf mînen tratz gesprungen.
> Ir gewaltes bin ich vor in mînem schophe grâ.[90]

Ein weiteres Beispiel liefert ihre an die höfische Mode angelehnte Kleidung:

> zwêne dörper (daz si sîn verwâzen!),
> si truogen beide röcke nâch dem hovesite,
> Ôsterrîches tuoches: wê mir sîn, der in si schriet![91]
> erst aber ungewunnen, treit er sînen hiubelhuot[92]

---

[87] WL 22, IV, 8f.
[88] WL 3, V.
[89] WL 17, III, 8-11.
[90] WL 24, IV, 1-4.
[91] WL 18, II, 4-6.

Gerne mugt ir hœren, wie die dörper sint gekleidet: üppiclîch ist ir gewant.

Enge röcke tragent sî und smale schaperûne,

rôte hüete, rinkelohte schuohe, swarze hosen.[93]

2.2.4 Unverhohlene Erotik und Obszönität

Während in höfischen Werken handfeste Erotik und Obszönitäten ein klares Tabu darstellen, zeigt Neidhart diese deutlich auf[94] Sowohl der Sänger erzählt von seinen amourösen Abenteuern „lîse greif ich dort hin, dâ diu wîp so slündic sint"[95], als auch die Mädchen, die sich ihrer *huote* widersetzen: „ich belige den knaben werden"[96] und ihren Geliebten aufsuchen, um mit ihm auch die körperliche Liebe zu vollziehen: „dô zugen si mir daz röckel ab dem lîbe"[97] und stolz von ihren Abenteuern berichten: „er kuste mich; dô het er eine wurzen in dem munde:/ Dâ von verlôs ich alle mîne sinne"[98].

In der hohen Minne sind solche Ausführungen nicht zu denken, da sie dem dort vertretenen Programm der platonischen Liebe zwischen Dame und Dienstmann widersprechen. Giloy-Hirtz merkt hierzu an, dass die erotischen Erfüllungen eine Absage an das höfische Leben darstellen, „an die personale Bindung des Dienstes und die daraus resultierende Treueverpflichtung, an die Teilhabe an das Sozialprestige, Repräsentation und Zeremonie.[99]

---

[92] WL 11, IV, 9.
[93] WL 24, IV, 6 – V, 2.
[94] Vgl. Giloy-Hirtz: Deformation des Minnesangs, S. 34.
[95] WL 8, III, 3.
[96] SL 2, VI, 4.
[97] SL 25, IV, 1f.
[98] SL 15, VII, 2f.
[99] Ebd., S. 183.

3. Das Neue in den Liedern Neidharts und literarische Beeinflussung

Für bestimmte Themen sind bestimmte Genera festgelegt, genrers subjectifs und genres objectifs haben jeweils ihre eigenen für sie geltenden Regeln, an die sich die Dichter zu halten haben. So ist die Minnekanzone festgelegt auf das Thema der außerehelichen unerfüllten Liebe, die hohe Minne.[100] Vor Neidharts Bruch ist nur eine Abweichung diesbezüglich bekannt: In *Unter den Linden* lässt Neidharts Nebenbuhler Walther von der Vogelweide die Erfüllung des Verlangens Wirklichkeit werden, das Werben bleibt nicht unerfüllt:

> Daz er bî mir læge,
> wessez iemen
> (nû enwelle got!), sô schamt ich mich.
> Wes er mit mir pflæge,
> niemer niemen
> bevinde daz, wan er und ich,
> und ein kleinez vogellîn -
> tandaradei,
> daz mac wol getriuwe sîn.[101]

Zwar überwindet Walther in seiner niederen Minne auf gewisse Weise die strengen Richtlinien Reimars, jedoch werden die höfischen Stilisierungen nicht aufgehoben.[102] Walthers späterer Stil seiner Werke, die nach 1198 entstanden sind, ist wohl durch den Kontakt mit mittellateinischer Lyrik beeinflusst worden.[103] Auch bei Neidhart finden sich derartige Einwirkungen: Besonders in den Sommerliedern des Sängers wird Neidharts Beeinflussung durch lateinische Vagantenlyrik erkennbar. Dass Vaganten in seiner Nähe anzutreffen waren, lässt sich nicht nur historisch belegen, sondern wird vor allem im Gebrauch bestimmter Vokabeln und der Naturmotivik in diesen Liedern offensichtlich, die dem poetischen Gut der Vaganten entstammen.[104] Nicht nur die disputartige Darstellung zwischen den Jahreszeiten Sommer und Winter entstammt der

---

[100] Vgl. ebd.
[101] Ebd.
[102] Vgl. Günther: Minneparodie, S. 8.
[103] Vgl. ebd. S. 9.
[104] Vgl. ebd., S. 10.

Vagantentradition, ebenso die lateinischen Vorstellungen von „wint" und „weter".[105] In den Winterliedern kommt dieser Einfluss jedoch weniger zu tragen. Auch Motive wie die Aufforderung zum Tanz, die Lebensfreude oder das Motiv der minnelustigen Alten gehen auf diese Quelle zurück:[106]

> Wie den vagierenden Studenten auf ihren Fahrten das Leben begegnete, so wurde es in ihren Dichtungen gestaltet; was sie auf bäuerlichen Festen an Liedern und Tänzen hörten und sahen, hielten sie unmittelbar und wirklichkeitsnah in eigenen Liedern fest. Ständisch nicht gebunden, keinem festen Beruf verpflichtet, sahen sie der Wirklichkeit frei und ohne Vorurteil ins Auge und erlebten sie als natürliche Menschen. So spiegelt sie sich wahr und echt in ihren Liedern wieder.[107]

Auch die Strophenform der Sommerlieder könnte auf die Vagantenpoesie verweisen. Im Gegensatz zu den Winterliedern, die eine stollige Strophenform aufweisen, sind die Sommerlieder unstollig verfasst. Diese Strophenform lässt sich auch in anderen Minneliedern, z.B. bei Dietmar, nachweisen, deren lateinische Beeinflussung nachweisbar ist.[108]

Im Gegensatz zu Walther ist die Diskrepanz von Form und Inhalt bei Neidhart allerdings keine einmalige Sache geblieben, sondern er hat die Ausnahme schier zur Regel gemacht und damit etwas völlig Neues geschaffen. Er übertritt die Gattungsgrenzen nicht nur, wie es Walther getan hat, er sprengt sie.[109] Skandalös für seine Zeit ist nicht nur die erfüllte Liebe, die sexuelle Hingabe der Frau, die dem Werben um sie nachgibt, was für die Hohe Minne eigentlich undenkbar wäre, sogar die Paare, die sich finden sind an sich schon gegen die Norm, da sie oftmals nicht standesgemäß sind. So liebt beispielsweise der Ritter im WL 22 eine Magd, während sich die *vrouwe* im WL 34 von einem Knecht, einem Dörper verführen lässt: „daz dû, vrouwe, habest undanc!/ in dîn hærîn vingerlîn ein kneht den vinger dranc". Neidharts Widersacher Walther bezeichnet diese Innovationen seines Konkurrenten schlicht als „ungevüegen doene"[110].

---

[105] Vgl. ebd.
[106] Vgl. ebd.
[107] Ebd., S. 11.
[108] Vgl. ebd., S. 13.
[109] Vgl. Schneider: Die Lieder Neidharts, S. 233.
[110] Vgl. ebd.

4. Motivation für Neidharts Neuerungen

Dass Neidhart mit seiner Dichtung die Minnekanzone revolutioniert hat, wurde in den vorangegangenen Kapiteln schon erläutert. Es stellt sich jedoch die Frage, was ihn dazu veranlasst hat, einen derartigen Tabubruch zu begehen und woraus er womöglich Inspiration geschöpft hat. Die Forschung hat verschiedene Antwortmöglichkeiten gefunden, die sich in äußere Faktoren, wie beispielsweise die Zeitgeschichte[111], und innere Faktoren, wie biographische Aspekte, unterteilen lassen.

4.1 Äußere Motivation

Neidhart transferiert die Minnerollen in das von ihm neu geschaffene Kontrastmilieu der Dörper. Dabei reflektiert er wie zuvor auch Walther von der Vogelweide über die Voraussetzungen seiner Dichtung.[112] Im Unterschied zu Walthers Neuerungen, der den Minnesang mit seinen Kanzonen auf ihren Höhepunkt steigerte, deckt Neidhart durch seine Innovationen dagegen die Unzulänglichkeiten der Gattung und ihren beginnenden Funktionsverlust auf.[113]

Ragotzky geht davon aus, dass es im ausgehenden 13. Jahrhundert einen Wandel im Bewusstsein und Verhalten der höfischen Gesellschaft gegeben hat, der Neidhart dazu anregte, die Minnekanzone weg vom Hof in die ländliche Welt der Dörper zu transferieren und somit Kritik am Verfall der einst geschätzten Normen und Sittlichkeiten. Hinzukommen die gesellschaftlichen und wirtschaftlichen Wandlungen, die sich zur Schaffenszeit des Sängers in seiner Heimat vollzogen. Sozio-ökonomische Gegebenheiten, die für den Adel bisher von großer Bedeutung waren und zur Sicherung seines Standes beitrugen, gingen in dieser Zeit zu Grunde, wurden abgeschafft: die Auflösung der Grundherrschaft und der Territorialisierung, die Umwandlung der Grund- zur Geldrente. Dies könnte die höfische Gesellschaft in eine Identitätskrise gestürzt und den Funktionsverlust der hohen Minne haben.[114]

---

[111] Ebenso wie schon die zuvor erläuterte Vagantenlyrik.
[112] Vgl. Ragotzky, Hedda: Zur Bedeutung von Minnesang als Institution am Hof. Neidharts Winterlied 29, in: Höfische Literatur, Hofgesellschaft, höfische Lebensformen um 1200. Kolloquium am Zentrum für Interdisziplinäre Forschung der Universität Bielefeld (3. bis 5. November 1983) hg. v. Gert Kaiser u.a., Düsseldorf 1986, S. 471-490, hier: S. 473.
[113] Vgl. ebd.
[114] Vgl. ebd.

Geht man davon aus, dass sich die gesellschaftlichen Entwicklungen zur Entstehungszeit bestimmter Literatur in eben dieser niederschlagen, wie eben schon am Beispiel der Wertewandlung in Verbindung mit dem Funktionsverlust der hohen Minne gezeigt worden ist, und speziell auf Neidharts einschneidende Neuerungen bezogen, sogar gattungsbildend wirken können, finden sich in der Schaffensperiode des Sängers genügend Anlässe, die ihn dazu bewogen haben könnten, den Dörper zum Gegenstand der Minnekanzone zu machen. Betrachtet man die sozialen Wandlungen zu Neidharts Zeit, so fällt besonders die beginnende soziale Mobilität bestimmter Gruppen des Bauernstandes im österreichisch-bayrischen Raum auf, denen der soziale Aufstieg in den Ministerialienbereich gelang.[115] Friedrich II. von Österreich war auf Grund des Ausblutens seiner Streitkräfte gezwungen, sein Heer standeswidrig aufzufüllen, um es funktionstüchtig halten zu können. So gelang es den zuvor zu Reichtum und Wohlstand gekommenen Bauern im österreichisch-bayrischen Raum, in den Ritterstand erhoben zu werden. Durch ihren wirtschaftlichen Aufstieg konnten sie nun auch den sozialen vollziehen, was nicht allen Adligen gefallen haben dürfte. Schneider meint, in den Winterliedern Hinweise darauf gefunden zu haben, dass auch Neidhart keinesfalls erfreut über diese politische Entwicklung gewesen sei. Neidhart habe die Meinung vertreten, der Bauer habe seiner naturgemäßen Arbeit nachzugehen, das Feld zu bestellen oder den Acker zu pflügen, aber nicht Ritter „zu spielen":

WL 11 III 3f

> ir etelîcher möhte sîn gemüffe gerner lâzen,
> dem sîn gämelîche zimt als einem, der wil toben

WL 29 VIII 1f

> er wil ebenhiuzen sich ze werdem ingesinde,
> daz bî hoveliuten ist gewahsen unde gezogen

Neben dem Aufstieg der Bauern, besonders der Meier, kam es zeitgleich zu einer Verarmung des Ritterstandes, der durch die standeswidrige Füllung des Heeres seine Funktion eingebüßt hatte. Ritter und Bauern werden Nachbarn, doch soziale Anerkennung und wirtschaftliche Basis divergieren.[116] Somit lässt sich sagen, dass die Dörper keine bloße Fiktion des Sängers sind, die der Ridikülisierung zur Belustigung

---

[115] Vgl. Schneider: Die Lieder Neidharts, S. 236.
[116] Vgl. ebd., S. 240.

des höfischen Publikums freigegeben werden, sondern auch in der Realität zu Konkurrenten der Ritter wurden. Sie stehen für das aufstiegswillige Bauerntum, welches sich zur ernstzunehmenden Konkurrenz für den Adel entwickelt.[117] Während es in der historischen Faktizität dem Adel nicht gelingt, die Emporkömmlinge auf Distanz zu halten und ihrem Aufstieg Einhalt zu gebieten, können Sie wenigstens durch die Belustigung in den Liedern in ihre Schranken gewiesen werden. Die Figur des Riuwentalers nimmt dabei eine stellvertretende Position ein, wenn auch ihm besonders in den Winterliedern der Rang streitig gemacht wird. Er fungiert als Sprachrohr des sich bedroht fühlenden Adels, das das Vorrecht bestimmter Privilegien des Publikums verteidigt.[118] Schneiders Theorie klingt an sich schlüssig, jedoch nur, wenn man davon ausgeht, dass Neidhart mit der Bezeichnung Dörper auch tatsächlich Bauern meint. Zu Beginn dieser Arbeit wurde bereits gezeigt, dass dies nicht unbedingt der Fall sein muss, da „Dörper" keineswegs eine gängige Vokabel für einen „Landwirt" war, sondern wohl eher die Person lediglich als fernab des Hofes charakterisieren soll.

Wie zuvor schon erwähnt, kommt auch die adlige Schicht nicht ganz ohne Blessuren bei ihrem Verteidigungskampf davon, wenn die höfische Gesellschaft beispielsweise in Form der verführten Minneherrin oder des in Liebesdingen gegen die dörperliche Konkurrenz scheiternde Ritter vorgeführt werden.[119] Dass ihre Werte verkommen sind, wird deutlich zur Schau gestellt. Dies scheint jedoch ein Preis zu sein, den die Zuhörer bereit sind zu zahlen, sonst hätte Neidharts Lyrik sich wohl nie solch großer Resonanz erfreuen können.

4.2 Innere Motivation

Neidhart lebte wohl als Ministeriale auf dem Land, wodurch er laut Günther mit der bäuerlichen bzw. ländlichen Lebenswelt vertraut gewesen sein müsste. Vielleicht nahm der Sänger selbst auch an einem ihrer Feste teil.[120] Auch wenn der Dichter wohl eine nach dem höfischen Ideal gestaltete Bildung und Erziehung genossen habe, so könnte er vielleicht die dazugehörige Lebenswelt am Hof nie kennengelernt haben. Zu seiner Theorie würde ihm also der Praxisbezug fehlen, weshalb er sich den höfischen Konventionen vielleicht auch weniger verbunden fühlt, als dies bei Sängern wie Rudolf von Fenis, Ulrich von Gutenburg oder Friedrich von Hausen der Fall ist, die den Hof

---

[117] Vgl. Ebd., S. 242.
[118] Vgl. ebd.
[119] Vgl. ebd.
[120] Vgl. Günther: Minneparodie, S. 14.

auch als Realität erlebt haben.[121] „Seine höfische Bildung war also wohl mehr eine bloße Form ohne den inneren Gehalt des höfischen Erlebnisses, sein Verhältnis zum Minnesang daher auch nur ein äußeres."[122] Inwiefern Günthers Theorie zutreffend ist, lässt sich aufgrund der vagen biographischen Informationen über Neidhart nur schwer einschätzen.

---

[121] Vgl. ebd., S. 14.
[122] Ebd., S. 14.

Schluss

Mit seinem neuen Typus der Sommer- und Winterlieder schuf Neidhart die neue
Gattung der dörperlichen Minne, einem Kontrastprogramm der hohen Minne. Auch
wenn seine Schaffensperiode ca. 1240 endet, leben seine Dörperlieder noch weiter. Von
den heute bekannten 150 Liedern stammen wohl nur 66 von ihm selbst, während die
übrigen von unbekannten Autoren des späten 13. Und 14. Jahrhunderts stammen, die
sogenannten Pseudo-Neidharte.[123] Gemessen an der Überlieferungsfülle der Werke
Neidharts stellt der Dichter eine Ausnahme in der mittelalterlichen Lyrik da. Sie
sprechen für einen außerordentlich hohen Beliebtheits- und Wirkungsgrad, woran seine
Innovationen, seine Andersartigkeit, seine Brüche mit der Tradition verantwortlich sein
dürften. Auffällig ist in jedem Fall, dass er in seinen Werken innerhalb des gleichen
Liedes immer wieder zwei sich gegenüber stehende Themenkreise aufeinander prallen
lässt, sie miteinander verschmilzt: die Welt des Hofes, an dem die hohe Minne
beheimatet ist und die antagonierende Welt des bäuerlichen Lebens, wo die Dörper
beheimatet sind. Neidhart überträgt das Thema der höfischen Minne in ein niederes
soziales Milieu, womit er für seine Zeit einen ungeheuren Tabubruch begeht, da er sich
den gattungsimmanenten Spielregeln widersetzt.[124] Er vertauscht den sozialen Status der
Minnerelation, wenn die Frau zur Werbenden mutiert, er hebt das behutsame und
schüchterne Werben auf und ersetzt es durch unverhohlene Erotik und teilweise
Obszönität.

So skandalös Neidharts Transformationen gewesen sind, dennoch trifft er damit wohl
den Zeitgeist und den Geschmack seines Publikums, angesichts der überwältigenden
Überlieferungsfülle seiner Werke. Mit seiner „verhurten Minne"[125] hat er Erfolg,
obwohl auch sein höfisches Publikum Federn lässt, wenn er in seinen Werken die
althergebrachten höfischen Ideale pervertiert und höfische Wertvorstellungen und
Normen beleidigt. Doch warum reagiert sein Publikum nicht brüskiert auf einen solchen
Affront? Weil Neidhart mit seinen Werken eine Marktlücke füllt,[126] wie die Liebe auch
praktizierenden Figuren seiner Lieder, die sich ihre Begehren erfüllen, befriedigt auch er
das Verlangen seiner Hörer. Die Minnekanzone entspricht einfach nicht der Realität, sie
ist hoch artifiziell und wird mit der Zeit immer unglaubwürdiger. In seinen Sommer-
und Winterliedern erfüllt der Dichter das Verlangen nach Erotik eines literarisch

---

[123] Vgl. Bärmann, Michael: Herr Göli: Neidhart-Rezeption in Basel, Berlin u.a. 1995, S. 157.
[124] Vgl. Schneider: Die Lieder Neidharts, S. 232.
[125] Ebd., S. 234.
[126] Ebd.

hochgebildeten Publikums, dass die Formen der Hohen Minne in seiner Dörper-Thematik wiedererkennt, das aber übersättigt an eben dieser ist.

Darüber hinaus schafft er einen „Kontrastbereich zu Gebundenheit und Geregeltheit gesellschaftlicher Existenz innerhalb der höfisch-ritterlichen Welt des Adels"[127]. Die Welt der Dörper erscheint seinem Publikum als „ein Bereich der Freizügigkeit und Narrheit"[128]. Die wahrgenommene Freiheit ist, besonders bezüglich der Sexualität, losgelöst von den gesellschaftlichen Vorgaben und Verpflichtungen. Schneider fasst Neidharts Wirkung wohl am treffendsten zusammen:

> Neidharts spielerisches Umgehen mit den Requisiten des hohen Minnesangs, sein geschicktes Jonglieren mit den Versatzstücken einer dem Publikum durch und durch geläufigen Gattung sind Spezifikum seiner Dichtung und machen deren Variationsreichtum aus. Ihre Wirkung bezieht sie zu einem guten Teil aus der Möglichkeit des Wiedererkennens parodistisch verfremdeter Elemente. Gebunden an das kollektive reflektorische Vermögen der Zuhörer, lassen sich die Texte in erster Linie als intellektuelles Spiel begreifen, das den Rezipienten ein großes Maß an Lustgewinn zuführt.[129]

Doch trotz seines langen Nachwirkens, beispielsweise in den Neidhartspielen oder in der Schwankerzählung Neidhart Fuchs, ist über das tatsächliche Leben des Dichters wenig bekannt. So lässt sich weder genau sagen, was es mit dem Namen Neidhart (von Reuental) auf sich hat, welche Gemeinsamkeiten er mit der Sängerfigur seiner Werke teilt und was ihn tatsächlich zu dem Bruch mit der hohen Minne motiviert hat.

---

[127] Ebd, S. 235
[128] Ebd.
[129] Ebd., S. 28.

Literatur

Primärliteratur

Die Lieder Neidharts. Hg. von Edmund Wiessner, fortgeführt von Hanns Fischer. 5. Auflage hg. v. Paul Sappler. Mit einem Melodienanhang von Helmut Lomnitzer, Tübingen 1999 (ATB 44).

Sekundärliteratur

Bärmann, Michael: Herr Göli: Neidhart-Rezeption in Basel, Berlin u.a. 1995.

Brunner, Horst: Geschichte der deutschen Literatur des Mittelalters im Überblick, Stuttgart 1997.

Giloy-Hirtz, Petra: Deformation des Minnesangs. Wandel literarischer Kommunikation und gesellschaftlicher Funktionsverlust in Neidhardts Liedern, Heidelberg 1982.

Günther, Johannes: Die Minneparodie bei Neidhart, Jena 1931.

Haferland, Harald: Hohe Minne. Zur Beschreibung der Minnekanzone, Berlin 2000.

Mohr, Ferdinand: Das unhöfische Element in der mittelhochdeutschen Lyrik von Walther an. (Dissertation) Tübingen 1913.

Ragotzky, Hedda: Zur Bedeutung von Minnesang als Institution am Hof. Neidharts Winterlied 29, in: Höfische Literatur, Hofgesellschaft, höfische Lebensformen um 1200. Kolloquium am Zentrum für Interdisziplinäre Forschung der Universität Bielefeld (3. bis 5. November 1983) hg. v. Gert Kaiser u.a., Düsseldorf 1986, S. 471-490.

Schneider, Jürgen: Die Lieder Neidharts in wort und wîse im Spätmittelalter. Das Werden einer neuen Gattung, Reflex einer gesellschaftlichen Umstrukturierung? In: Lyrik des ausgehenden 14. und 15. Jahrhunderts. hg. von F. V. Spechtler, Amsterdam 1984, S. 231-248.

Schweikle, Günther: Neidhart, Stuttgart 1990.

Voß, Rudolph: Intertextualitätsphänomene und Paradigmenwechsel in der Minnelyrik Walthers von der Vogelweide in: Röllwagenbüchlein. Festschrift für Walter Röll zum 65. Geburtstag, hg. v. Jürgen Jaehrling u.a., Tübingen 2002, S. 51-78.

Wilmanns, Wilhelm: Walther von der Vogelweide, Paderborn 2013.

Lightning Source UK Ltd.
Milton Keynes UK
UKHW010632180719
346390UK00001B/279/P